Alfred Fouillée

L'Idée de justice sociale d'après les écoles contemporaines

Essai

ISBN : 978-1548608538

10 9 8 7 6 5 4 3 2 1

Alfred Fouillée

L'Idée de justice sociale d'après les écoles contemporaines

Essai

Table de Matières

Introduction

« Les grandes passions, a dit Carnot, font les grandes nations. » Oui ; et aussi les grandes idées, sans lesquelles il n'y a point de grandes passions. Tous les peuples, il est vrai, ne sont pas également accessibles à l'action des idées, pas plus que tous les cerveaux individuels ne renferment la même intelligence ; mais plus un peuple est intelligent et s'intellectualise par la civilisation même, plus est inévitable sur lui l'empire des forces intellectuelles. Pendant longtemps, la conception de l'équilibre européen a dominé la conduite des gouvernements et des peuples ; puis on s'est préoccupé des frontières naturelles, toujours insuffisantes et toujours violées ; depuis un certain nombre d'années, la pensée des nationalités a tout dirigé. Croit-on que ces dominations successives d'idées ne soient pas une preuve de la force qui appartient de plus en plus aux conceptions générales dans l'évolution des peuples ? La nation française est ouverte, plus que toute autre, au rayonnement des idées ; c'est parce qu'elle en a conscience qu'elle a toujours été portée à exagérer plutôt qu'à diminuer leur influence sur le cours de l'histoire.

De nos jours, sous l'apparent obscurcissement des consciences, n'y a-t-il point encore une grande idée qui, depuis longtemps à l'œuvre et se cherchant elle-même, se fait jour peu à peu comme l'expression la plus légitime des tendances généreuses de l'humanité, — celle de justice sociale ? La prétention à monopoliser un idéal inconnu aux autres peuples serait sans doute insoutenable : il n'est pas une nation moderne où ne se soient produites, à des degrés divers, les différentes conceptions de la justice, mais il reste vrai qu'elles sont loin d'être également populaires chez tous les peuples ; et chacun, par-là, montre le fond de son âme, puisqu'il révèle son idéal directeur. Il n'est donc pas sans intérêt de se demander quel est le fond de l'âme française.

Section I

Trois théories se partagent aujourd'hui la pensée et l'action. La première, qui pourrait s'appeler le naturalisme individualiste, a fleuri surtout en Angleterre, chez les économistes, et tend à l'omnipotence de l'individu. La seconde, qui est le naturalisme collectiviste, est surtout allemande ; ce système va jusqu'à s'intituler matérialisme et tend à l'omnipotence de la société. La troisième est l'idéalisme moral et social, qui est surtout français et qui, par l'extension de l'idée de justice, poursuit le développement simultané de l'individu et de l'État.

L'essentiel du naturalisme économiste, c'est de ramener toutes les lois à des lois naturelles, de nier qu'on puisse modifier ces dernières et de les imposer ainsi à la société humaine. Certes, au sein même de la conscience, les économistes nous montrent avec raison des forces qui sont vraiment la part de la nature en nous ; je veux dire les besoins, les intérêts, les désirs. Mais est-ce là tout l'homme ? Grâce à la pensée, nous concevons une nature meilleure ; grâce à la volonté, nous pouvons et nous devons réaliser cette nature meilleure. Un économiste éminent me disait un jour : — « Comme la chimie, l'économie politique est une science et n'a pas d'entrailles. » Je ne pus m'empêcher de lui répondre : — « Quand la chimie étudie des acides et des alcalis, ainsi que leurs réactions, elle s'occupe de « choses insensibles » et de « lois naturelles » sur lesquelles notre volonté est sans action ; quand, au contraire, l'économie politique étudie la production, la distribution et la consommation, elle s'occupe d'êtres sentants et, qui plus est, moraux ; leurs relations ne sont plus de simples lois fatales entre des choses ; elles peuvent et doivent être modifiées en vue d'un idéal de justice. Dès lors, de deux choses l'une : ou l'économiste doit se contenter d'étudier les rapports économiques, abstraction faite de tous les autres rapports, en se gardant de confondre la partie avec le tout, en s'abstenant aussi de tout précepte ou de tout conseil pratique ; ou, s'il veut passer aux applications, il faut qu'il rétablisse la réalité concrète et, par conséquent, replace l'économie dans la sociologie et dans la philosophie, pour la soumettre à l'idée du droit. »

Certes, les économistes sont loin de nier l'existence de la justice, mais ils se la figurent trop sous la forme d'un rapport entre des individus ou entre des produits dus au travail de ces individus. La justice n'est plus alors pour eux qu'une règle d'échange ; elle est toute *commutative*, comme disaient les anciens. Par une abstraction contraire à la réalité, les individus qui échangent leurs produits sont isolés de tout milieu, notamment du grand milieu social, et, par conséquent, la justice s'épuise tout entière dans leurs rapports individuels, sans que le reste de la collectivité ait rien à y voir. A cet individualisme on donne le nom de libéralisme, parce qu'on suppose, — toujours en vertu de la même abstraction, — que les individus laissés en présence l'un de l'autre pour échanger leurs produits sont absolument libres, sans autre loi qui s'impose de la part de la société que la loi d'équivalence entre les produits dans un marché librement consenti de part et d'autre.

En vertu de ces principes, beaucoup d'économistes soutiennent que le travail n'est qu'une « marchandise ; » que le patron ne doit rien de plus à l'ouvrier que le « salaire ; » qu'une fois le travail livré par l'un, payé par l'autre, tout est fini juridiquement entre eux. A l'ouvrier, si bon lui semble, de s'assurer contre les éventualités de la vie, vieillesse, maladie et le reste, sans que le patron ou la société s'arroge le droit d'exercer sur lui une protection qui risquerait de ressembler à une tutelle, sinon à un asservissement ! Et certes, *au sens purement économique*, le travail est une marchandise, rien de plus ; comme toute autre marchandise, il est envoyé sur le marché pour être acheté et vendu à sa valeur échangeable. Mais, *dans le sens sociologique, moral et religieux*, le travail représente, selon l'expression de Taylor, les énergies accumulées de créatures vivantes et sentantes, entre lesquelles il y a une solidarité nécessaire. De plus, ces énergies vivantes font elles-mêmes partie d'un organisme plus vaste, en dehors duquel elles ne sauraient vivre, et qui est la société entière, avec sa solidarité enveloppant tous ses membres, dans le passé, dans le présent, dans l'avenir. On a donc eu raison de répondre aux individualistes que, sous le rapport de la justice, tout n'est pas fini entre le patron et l'ouvrier après la livraison de la main-d'œuvre et son paiement. Ce ne sont pas là deux étrangers, « comme un marchand de charbon et son client, qui peuvent ne communiquer que par le télégraphe ou le téléphone [1]. » Si l'on tient à ce que le travail soit une marchandise, c'est en tout cas une marchandise *sui generis*, ne ressemblant à aucune autre et ayant ses lois toutes spéciales. Avec elle, en effet, la personnalité humaine tout entière est en jeu ; derrière la main-d'œuvre, il y a l'homme. C'est là précisément ce qui complique tant les problèmes relatifs à l'organisation du travail. Les réduire à leur côté purement économique et

Alfred Fouillée

matériel, c'est les abaisser et les mutiler ; ils ont un côté humain et social qui en fait la beauté, mais aussi la difficulté et le péril.

Dans la première moitié du siècle, le capitalisme moderne, par la liberté absolue dont il disposait et par la puissance qu'acquirent les capitaux réunis sous les seules lois économiques, dégénéra en un monopole plus ou moins déguisé. C'est un résultat dont la sociologie peut dégager les causes et les effets. Les causes principales sont dans le développement moderne de l'industrie et dans le développement moderne des finances. C'est sans doute à ce régime de la première moitié du siècle que Léon XIII songeait en écrivant : « La condition des travaux et le commerce de toutes choses ont été presque réduits sous le pouvoir d'un petit nombre, si bien qu'un tout petit nombre d'hommes opulents et riches à l'excès ont imposé un joug presque servile à l'infinie multitude des prolétaires. » Les grandes enquêtes anglaises ont révélé, par exemple, que, pendant la première moitié du siècle, une monstrueuse exploitation de la femme et de l'enfant avait eu lieu. Pourquoi l'Angleterre a-t-elle fini par protéger et réglementer le travail des enfants, malgré les protestations de quelques partisans du laissez-faire ? C'est que, sur dix chefs d'entreprise, s'il y en a un assez immoral pour employer des enfants et les faire travailler outre mesure, le salaire à payer devenant moins élevé, les neuf autres entrepreneurs, qui emploient des adultes, ne pourront soutenir la concurrence. C'est donc alors « le plus injuste qui fait la loi. » Et il force les autres eux-mêmes à devenir, malgré eux, plus ou moins complices et imitateurs de sa propre injustice. Comment s'était enrichi, en Angleterre, le grand fabricant de machines Nasmyth ? En substituant dans son usine les jeunes garçons aux adultes. Appelé à Londres devant la commission d'enquête sur les Trade-Unions, il fit cette déposition significative : « Pour un fabricant, il est désirable de pouvoir compter sur une grande masse d'ouvriers en quête d'ouvrage. » Et comme on lui demandait ce que devenaient les ouvriers inoccupés et leurs familles : « Je n'en sais rien ; je laisserais cela à l'action des lois naturelles de la société. » Voilà la « morale de la concurrence. » La nation française a pu, comme les autres, la subir pratiquement ; elle n'a jamais voulu l'accepter de raison et de cœur [2].

De même que l'enfant, la femme n'a pas de droits politiques et n'a que des droits civils restreints, étant tenue plus ou moins en tutelle ; dès lors, comment la loi ne protégerait-elle pas, au nom de la stricte justice, des êtres qui ne peuvent se protéger eux-mêmes ? Enfin, pour ce qui concerne les ouvriers adultes, aucun moraliste, aucun sociologue ne saurait plus admettre, avec les économistes de l'ancienne école, que les rapports de l'ouvrier et de l'entrepreneur capitaliste soient des rapports *ordinaires* et tout *individuels*, qui doivent être laissés à l'appréciation des tribunaux ordinaires, jugeant conformément aux règles actuelles de notre droit civil ; — comme si, depuis un siècle, rien de nouveau ne s'était produit dans les conditions économiques ! M. Léon Say, par exemple, soutenait que l'État ne doit pas même intervenir pour contraindre le patron à indemniser l'ouvrier blessé dans un chantier ou dans une usine.

C'est cette adoration des lois naturelles de la concurrence qui rendait Ricardo indifférent à ce que la population fût décimée ; « Pourvu, disait-il, que le revenu net de l'Angleterre, que ses fermages et ses profits soient les mêmes, qu'importe qu'elle se peuple de dix ou douze millions d'individus ? » La richesse est tout et les hommes ne sont rien [3] ! Malthus, venant à son tour, montrait que les lois naturelles sauraient bien débarrasser le banquet de la vie des bouches superflues. Enfin le philosophe de l'individualisme, Spencer, en vient à condamner la philanthropie et à dire : « La pauvreté des incapables, la détresse des imprudents, l'élimination des paresseux, cette poussée des forts qui met de côté les faibles et en réduit un si grand nombre à la misère, sont le résultat nécessaire d'une loi générale éclairée et bienfaisante : la loi de sélection naturelle. » Il oublie que cette loi n'agit plus au sein de la société civilisée comme au milieu des animaux ou même de la société sauvage. Les individus ne sont plus à l'état de nature, remis les uns en face des autres à chaque génération et en face de la nature même, avec leurs pures forces naturelles. Ils naissent dans des conditions sociales différentes, avec des ressources de famille différentes, les uns enrichis d'avance par leurs parents, les autres ayant tout à acquérir par eux-mêmes ; les uns sont instruits, les autres ignorants. Dès lors, la sélection ne s'exerce plus nécessairement en faveur des meilleurs, et ce ne sont pas toujours ces derniers qui l'emportent dans la « concurrence économique, » forme de la « concurrence vitale. » Il n'est pas vrai que les plus honnêtes soient par cela même les plus habiles, et que les spéculateurs ou les chefs d'usine les plus scrupuleux soient ceux qui s'enrichissent le plus. Spencer parle comme si, à l'image des bêtes fauves, nous naissions tous sans un passé social derrière nous, sans un avenir social devant nous ; aussi sa justice tout individualiste n'est-elle plus que la force, tandis que la justice sociale protège au besoin le faible contre le fort, tient compte du passé et songe à l'avenir [4].

Répétons donc qu'une société d'êtres moraux n'a pas un caractère exclusivement matériel et économique ; elle n'existe pas uniquement, — et Sismondi l'avait déjà remarqué, — « pour fournir au plus bas prix des boutons et du coton. » L'homme, dit à son tour M. Prins, « est autre chose qu'un accumulateur de capital [5] ; » tout individualisme économique qui lui inspire cette conviction est fausse. L'association humaine existe pour réaliser un idéal humain et même plus qu'humain. L'idée de justice, sans être vraiment en contradiction avec la nature, puisque l'homme qui la conçoit fait partie de la nature, est cependant la négation de la nature actuelle comme satisfaisante et définitive. A la concurrence vitale doit se substituer progressivement une concurrence morale ; au jeu des libertés conçues comme simples forces doit se substituer leur solidarité sous une commune loi de liberté et d'égalité, — solidarité dont la reconnaissance constitue la justice sociale.

Section II

Quoique placé au pôle opposé, le matérialisme collectiviste est la conséquence du naturalisme économiste. Si l'on ne veut pas qu'il en soit l'enfant légitime, disons qu'il en est le bâtard. Les prétendues lois de Malthus, de Ricardo, de Stuart Mill ont abouti au socialisme matérialiste de Marx, qui en est l'application. Intérêt économique comme moteur essentiel de l'histoire, concurrence économique, rente de la terre et « surtravail » aboutissant au capitalisme, lutte des classes, triomphe futur des intérêts les plus nombreux et les plus forts ; enfin, retour final des instruments de travail à la collectivité : toutes ces théories sont dérivées d'une conception qui applique exclusivement à l'humanité les lois naturelles. On a bien eu raison de le dire : le collectivisme matérialiste de Marx, comme le socialisme agraire de George, repose sur « les parties caduques de l'économie politique : » disons mieux, sur les parties ruinées.

L'économisme collectiviste prétend d'abord être *amoral* comme l'économisme individualiste. Karl Marx professe le plus profond dédain pour les idées en général, pour les idées morales ou religieuses en particulier. Les réformateurs français avaient dit : ce que nous demandons, ce n'est point la « charité, » c'est la justice ; les réformateurs allemands disent : ce que nous demandons, ce n'est pas la justice, c'est le pouvoir. Et ce pouvoir, nous ne le demandons même pas, nous le prenons : par la force même des choses et par l'évolution de l'histoire, le peuple l'aura un jour tout entier. Il ne s'agit pas de spéculer sur des idées, mais de constater dans le présent et de prévoir pour l'avenir la marche naturelle des faits. Ainsi se constate la lutte actuelle des classes ; ainsi se prévoit leur suppression finale par le triomphe universel des travailleurs au sein du collectivisme universel. Quant aux « idées » d'un peuple, soit philosophiques et scientifiques, soit morales et religieuses, elles ne font que refléter passivement son organisation économique, sur laquelle elles demeurent sans action profonde.

A notre avis, les idées ne sont pas seulement des « reflets » et le génie de la France a eu raison d'y voir aussi des forces qui tendent à se réaliser en se concevant, par cela même à modifier peu à peu et les caractères individuels et les conditions sociales. L'influence des idées est sans doute moins visible que celle des intérêts et des passions, dont la puissance communicative éclate aux yeux et produit des résultats matériels faciles à constater ; mais l'action des idées est plus profonde et plus durable, parce qu'elle exprime, non un état particulier et présent du système nerveux, mais une modification stable et acquise, qui, par l'éducation, devient le patrimoine de la nation entière. Même les idées « abstraites, » qu'on prétend incapables de remuer un fétu, se montrent souvent plus puissantes encore que les autres, par la force latente qu'elles ont emmagasinée, fixée, rendue toujours prête pour l'action. Dégagées des « contingences de temps, de lieu, de personnes, » elles survivent aux circonstances où elles sont nées. Faut-il rappeler une fois de plus aux marxistes comment les idées philosophiques du XVIIIe siècle ont dirigé la Révolution, transformé le régime juridique, économique et social ? Tout est-il faux dans la théorie de Taine qui fait sortir en grande partie la Révolution française d'une

Alfred Fouillée

idée abstraite et universelle de « l'humanité ? » Il oublie d'ailleurs d'y ajouter l'idée inséparable d'une justice humaine, qui, s'appliquant à des hommes en société, ne peut pas ne pas être une justice sociale.

Le moulin à bras, répète Marx, a donné la société féodale, le moulin à vapeur, la société capitaliste. Mais qui a donné le moulin à bras lui-même, puis le moulin à vapeur, sinon l'intelligence ? Le progrès social, s'il est par un côté une « question d'estomac, » n'est-il pas par l'autre une question de cerveau et surtout de cœur ? Le Sermon sur la montagne, qui a changé la face du monde, n'était-il qu'une transformation de la « technique » industrielle ? N'existe-t-il pas aussi chez l'homme une faim et une soif de la justice ? Où va notre société actuelle ? Elle l'ignore. Ce qu'elle veut ? Elle ne le sait même pas. Les fins les plus hautes et les plus désintéressées demeurent noyées dans la brume ; dès lors, au lieu de travailler pour l'incertain, la plupart des hommes s'attachent au certain, c'est-à-dire à ce qu'il y a de plus rapproché, de plus immédiatement utile, à ces intérêts dont Marx veut faire les seuls moteurs de l'histoire. De là à l'égoïsme universel, il n'y a qu'un pas. C'est donc un but clairement défini qui nous manque, c'est une idée directrice. Faites briller une étoile au ciel des idées, hommes et peuples iront à l'étoile.

Si les idées, avec les sentiments qu'elles enveloppent, font la force des nations, elles font aussi la force et la grandeur des individus. On a eu raison de dire que notre société manque d'hommes parce qu'elle manque d'idées. « Les individus n'y représentent rien qu'eux-mêmes, et c'est pourquoi ils s'écroulent les uns sur les autres. » A notre époque, ce dont nous avons besoin avant tout, c'est de savoir et de croire. Quelles sont les religions mêmes qui ont pu agir sans la « foi, » par conséquent sans une idée dominante ? Quelle morale est efficace sans une conception relative à la valeur et au but de la vie humaine ? Enfin, quel est le peuple qui, sans changer ses idées directrices, a pu changer ses institutions et son mode de civilisation ? L'histoire ne nous en montre aucun exemple. L'ignorance et l'erreur se paient toujours ; autant d'idées fausses, autant de défaites pour les peuples et pour les individus. Tant vaut la pensée, tant vaut l'action. C'est avec les idées des savants et des philosophes, non plus avec la lyre des poètes, que sera bâtie la cité de demain.

D'ailleurs, Marx a réfuté lui-même son matérialisme historique, en se voyant obligé à la fin de rétablir dans l'histoire le rôle des théories, et par conséquent des idées. « La théorie même, dit-il, devient une force matérielle aussitôt qu'elle pénètre les multitudes. » Le mouvement prolétaire, en effet, coïncide avec l'établissement des écoles populaires et la diffusion de la culture. D'une part, sans l'idée et le sentiment de la dignité humaine, on ne peut réveiller les classes laborieuses de leur sommeil séculaire ; d'autre part, en faveur de la cause ouvrière, il faut faire la conquête spirituelle des éléments supérieurs de la classe élevée. Toutes choses qui ne peuvent être l'œuvre ni des seuls ouvriers, ni des seuls intérêts économiques. C'est donc aux esprits désintéressés que le matérialisme utilitaire est forcé de faire appel.

La grande tradition française avait vu dans la société l'union et la sympathie en vue des idées universelles ; l'école allemande de Marx y voit une simple guerre de castes pour la possession des biens matériels. Par-là, le matérialisme économique s'insurge contre ce principe de la Révolution française qui déclarait abolie toute division de la société en « classes. » Il fait de l'aristocratie à rebours : à la religion du droit divin il substitue ce que Proudhon appelait la religion de la misère. Enfin il déplace la guerre, loin de la détruire, pour la rendre tout intérieure et civile, c'est-à-dire encore plus odieuse et plus « inexpiable. » La lutte des classes, érigée en loi de l'histoire par le marxisme, comme la concurrence des individus l'avait été par l'école de Manchester, n'est que la guerre transportée à l'intérieur, la patrie remplacée par quelque chose de plus fermé et de plus exclusif : l'intérêt du groupe des prolétaires devenu la seule patrie ; l'étranger et l'ennemi, c'est le capitaliste. Mais, si cette lutte en vue de la puissance et de la jouissance égoïste est vraiment la loi de l'humanité, est-il prouvé que le triomphe final de la multitude prolétaire nous amènera un état meilleur ? Les nouveaux vainqueurs vaudront-ils mieux que les anciens, et la nouvelle servitude sera-t-elle plus douce parce qu'elle sera la toute-puissance du nombre ? Les marxistes eux-mêmes ont sans cesse à la bouche, autant que M. Sighele ou M. G. Le Bon, l'infériorité des « foules, » de la « mentalité collective ; » comment donc la sagesse et la justice régneront-elles, si la foule devient toute-puissante, et comment les esprits inférieurs auront-ils le privilège de réaliser l'ordre supérieur ? On peut se demander si, le jour où l'autorité serait exercée

Alfred Fouillée

non plus par la classe moyenne, mais par la masse ouvrière, dont l'éducation sera toujours et nécessairement moindre par rapport au reste, les abus disparaîtraient par enchantement ; si la « dictature du travail manuel » serait plus douce et moins oppressive que la « dictature du capital. »

Tout en affectant d'abstraire l'idée de justice pour la remplacer ainsi par celle d'une lutte de forces, les marxistes tâchent de montrer que tout capitaliste détient injustement les produits du travail d'autrui et de la société entière, par exemple la rente, le revenu, l'intérêt, etc. A coup sûr, la rente de la terre et le revenu des capitaux renferment une part sociale, résultant du développement même de la société ; c'est ce que nous avons nous-même soutenu ici il y a longtemps. Mais les collectivistes veulent nous faire croire que le salaire seul est un gain absolument individuel et tout entier revenant à l'individu. Or, c'est là une erreur, qu'on oublie trop de relever. Vous avez construit une maison dans un faubourg ; ce faubourg se peuple et devient important : le prix de votre maison quadruple spontanément en vertu des relations sociales. « Plus-value imméritée ! » — Mais les ouvriers qui profitent de ce qu'on a besoin d'eux dans ce quartier nouveau pour y obtenir de bons salaires profitent aussi, par cela même, d'une plus-value provenant de relations sociales. « Rente imméritée ? » Les ouvriers allemands qui ont été employés à fabriquer l'alizarine ont bénéficié d'un progrès de la science, et ce même progrès a ruiné les cultivateurs français de garance. Est-ce le mérite des salariés allemands qui leur a valu cette abondance de salaires, et est-ce le démérite des paysans de Vaucluse qui leur a valu cette perte ? La roue de la fortune n'existe pas seulement pour tout ce qui vient de la terre et de la nature, elle existe aussi pour ce qui vient des hommes et de la société. Il y a des courants sociaux favorables ou défavorables, comme il y a des courants d'atmosphère qui apportent aux uns le souffle demandé et aux autres la tempête. L'ouvrier instruit, qui a fréquenté l'école primaire supérieure et même professionnelle, a profité d'un fonds social de connaissances, d'une organisation sociale des cours ; c'est un « aristocrate ; » tandis que l'ouvrier né dans une bourgade reculée, au beau milieu des montagnes, n'a eu les mêmes facilités sociales ni pour s'instruire, ni pour trouver un travail lucratif. Si nous en venons à vouloir faire les comptes de la société dans tout ce que nous paraissons produire nous-mêmes et à nous seuls, la comptabilité sera inextricable. L'écrivain qui écrit une page et la tire de son propre fonds est le type même du travailleur ayant droit à la plénitude du salaire ; et cependant, si je viens à me demander quelle est la part de la société dans mon travail, je reconnaîtrai que mes idées les plus personnelles ont une provenance en grande partie sociale ; que les vérités acquises dont je pars dans mes raisonnements, que les mots mêmes dont je me sers ne m'appartiennent pas. Un dieu seul pourrait faire le départ de ce qui est nôtre et de ce qui vient d'autrui. Nous sommes tous, sous quelque rapport, des rentiers, des capitalistes, des hommes à revenus vivant sur des domaines qui ne sont pas tout entiers leur œuvre, mettant à profit des héritages de toutes sortes, tournant à leur profit des « plus-values » et touchant des « sursalaires. » Comment se fait-il que ceux qui s'intitulent collectivistes soient au fond si individualistes et mettent en avant la prétention de rendre à chaque individu ce qui lui est dû individuellement ? Ils parlent comme si nous étions déjà au jugement dernier et comme si Marx était Dieu le père !

Le grand sujet d'anathème pour les collectivistes, c'est la « chance, » qui est assurément inégale parmi les hommes, mais qui, nous l'avons vu, n'existe pas seulement pour les capitalistes. Où la chance ne se trouve-t-elle pas ? Comme aussi l'intelligence qui en sait profiter. C'est une chance que de naître Karl Marx au lieu de naître le premier venu. C'est une chance que de naître Allemand au lieu de naître Patagon, d'avoir pu lire Hegel, Feuerbach, Lassalle, Ricardo, Proudhon, et d'avoir combiné leurs idées. C'est une chance que de naître bien conformé au lieu de naître bossu, bancal, idiot. Il est bien vrai que les hommes ne doivent pas ajouter encore à la mauvaise chance l'injustice, dans tout ce qui dépend d'eux : le pouvoir humain doit donc empêcher l'injustice humaine ; mais espérez-vous, vous qui ne comptez même pas sur la justice, supprimer jamais le hasard naturel, avec ses chances qui, souvent malheureuses, sont aussi souvent « heureuses, » comme l'a montré Darwin ?

La « rente » du sol, dont Marx emprunte à Ricardo la théorie, et qu'il veut restituer à la société, lui revient d'elle-même progressivement, sans compter la reprise exercée légalement par la société sous la forme de l'impôt foncier. La rente de la terre va diminuant, et même trop vite. Celle qui reste n'est qu'une partie, relativement médiocre, du revenu total, dans la civilisation moderne, où tant d'autres forces sont mises en jeu, y compris les forces intellectuelles, morales, sociales. Si vous mettez à part quelques grands crus de vin et quelques prairies, la rente spontanée n'existe plus guère en Europe pour la propriété rurale. Les neuf dixièmes du sol français ne rapportent pas l'intérêt des capitaux qui y ont été incorporés depuis un siècle ou deux. Bien loin qu'il faille s'attendre à une plus-value, du moins pour le prochain demi-siècle ou le prochain siècle, M. Paul Leroy-Beaulieu a montré que la propriété européenne devra en général supporter une moins-value nouvelle. Écoutez dès aujourd'hui les plaintes de nos cultivateurs ! Les terres qui sont naturellement les plus fertiles du globe ne sont pas encore en culture, les rives des Amazones par exemple, celles du Congo, du Zambèze, etc. Alors même que toutes les terres seraient en culture, les améliorations agricoles, une fois généralisées, font baisser la rente. Il n'est pas démontré que la rente urbaine, d'autre part, doive continuer à s'accroître ; c'est faire un calcul très conjectural que de croire qu'une maison de Paris donnera dans cinquante ans un bien plus fort revenu qu'aujourd'hui. La véritable rente, voici où elle existe : dans les profits extraordinaires des artistes, des Nilsson, des Patti, des Sarah Bernhardt, des Coquelin, des peintres et sculpteurs, de certains grands industriels, tels que les Bessemer ou les Menier, des pharmaciens à remède, des grands chirurgiens, des médecins et avocats habiles. Ce sont ceux-là qui recueillent ouvertement la véritable rente sociale, et ils le doivent précisément à ce qu'ils sont des « personnalités. »

Au lieu de contribuer pour son compte à augmenter la richesse sociale, le capitaliste ne fait, répond Marx, que « détenir » certains moyens de l'accroître, pour se les faire payer très cher. Mais, si ma fortune est mon œuvre, la prétendue chance que j'ai d'être capitaliste est en réalité une récompense de mes efforts ; si je tiens ma fortune de mes parents, je représente ces derniers et leur effort. Aimeriez-vous mieux qu'ils eussent tout dépensé et que le « fonds des salaires » en fût diminué ? A qui ont-ils fait tort en épargnant ? L'humanité serait-elle aujourd'hui plus riche s'ils étaient morts pauvres ?

A coup sûr, certaines concentrations de capitaux se sont produites en ce siècle et continuent de se produire sous nos yeux, mais les diffusions et disséminations de capitaux deviennent encore plus nombreuses et constituent le phénomène dominant de l'époque. Nous ne sommes donc pas fatalement acculés, par le déterminisme matérialiste de l'histoire, à cette division finale de l'humanité en deux camps ennemis ; les capitalistes d'un côté avec tous les capitaux concentrés, les salariés de l'autre, avec le nombre et le droit de vote, puis le jeu de bascule final, où les salariés mettraient la main sur la masse des capitaux pour réaliser le collectivisme. Comment, d'ailleurs, toute la richesse pourrait-elle vraiment « s'accumuler à un pôle, » toute la misère à l'autre ? Le capital ne se nourrit pas de l'or ou du papier qu'il entasse, et il ne peut jouir de lui-même qu'en se dépensant. Or, ce n'est pas seulement dans la classe capitaliste que ces dépenses font circuler l'or, ce ne sont pas les capitalistes qui fabriquent eux-mêmes leurs vêtements, leurs voitures, leurs aliments de choix, leurs vins fins, qui se servent eux-mêmes à table, etc. Comment donc l'un des pôles ne laisserait-il point passer un courant de valeurs vers l'autre pôle ? Comment le capital dormirait-il en avare sur ses milliards accumulés, ne les dépensant pas, tandis que le prolétariat, de son côté, mourrait de faim ? La prétendue loi de Marx enveloppe une contradiction essentielle et « loge son ennemi avec soi. » Le marxisme, en somme, est une vue unilatérale du mouvement des sociétés modernes. Il admet comme une loi sociologique que, à notre époque, tous les instruments de production et d'échange tendent à passer de la forme de propriété individuelle à celle de propriété collective capitaliste, et que, dans l'avenir, à la propriété capitaliste se substituera *partout* la propriété sociale. La vérité, selon nous, c'est que *beaucoup* de propriétés deviendront en effet propriétés sociales, mais non pas toutes ; la propriété individuelle ira même en augmentant et en se généralisant sans empêcher pour cela de croître ni la propriété des associations particulières, ni la propriété de la grande association collective.

Section III

Au-dessus de ces deux extrêmes, économisme individualiste des Anglais et économisme collectiviste des Allemands, qui finissent par se toucher, s'élève l'idéalisme moral et social, traditionnel en

France. Il prend pour point de départ non plus la conception naturaliste des intérêts et de leur conflit, mais l'idée morale de la justice et celle de la solidarité qui en est inséparable. Le point de vue de l'individualisme anglais a été manifestement dépassé, celui du collectivisme allemand ne tardera pas à l'être.

Le premier progrès, accompli depuis un certain nombre d'années, a été d'abandonner la vieille conception de la liberté telle qu'on la trouvait dans l'école économiste ; conception négative et formelle, puisqu'elle consistait à supprimer simplement les obstacles légaux. On disait alors que l'ouvrier est libre de travailler ou de ne pas travailler. De plus en plus, on a vu prévaloir une notion positive et concrète de la liberté, conçue comme un pouvoir effectif, non comme une simple suppression d'obstacles extérieurs et en quelque sorte mécaniques.

Le second progrès, inséparable du précédent, a été la conception d'une égalité réelle et non plus nominale entre les deux termes du contrat de travail. Le siècle qui va finir a été caractérisé par une distinction profonde entre la classe des capitalistes et celle des travailleurs salariés ; le travailleur isolé, avec sa liberté trop négative, s'est trouvé alors dans des conditions évidentes d'inégalité vis-à-vis du maître. Il ne pouvait ni réserver son offre de bras pour attendre des circonstances plus favorables, ni transporter son offre de bras sur le point le plus avantageux du marché. La loi de l'offre et de la demande opérant dans ces conditions, il est clair que le jeu en était altéré par les « lois naturelles » de la vie : le contrat de travail n'avait plus que l'apparence d'un consentement réciproque. Aussi a-t-on compris de plus en plus que, quand il s'agit de personnes et non pas seulement de choses, le progrès de la législation consiste en grande partie à empêcher « qu'un droit à *quelque chose* puisse devenir un droit *sur quelqu'un* [6]. » On a compris aussi la nécessité de ne faire reposer ni sur le seul principe d'autorité, ni sur le seul principe de liberté individuelle, les relations de patron à ouvrier, mais d'introduire entre eux l'idée du contrat et de l'équité dans le contrat. Non seulement donc il est juste d'assurer au contrat de louage, dont la liberté n'est guère aujourd'hui qu'un idéal, une liberté de plus en plus réelle ; mais il faut déterminer d'une manière précise le concours des facteurs dans l'œuvre de la production et appliquer à chacun sa vraie part. Telle est la « justice, » ainsi que l'esprit français la conçoit. Il ne s'agit plus d'un devoir de charité indéterminé et, selon l'heureuse expression d'un écrivain catholique, « élastique comme les consciences auxquelles on le signale, sans compte à rendre qu'à Dieu seul ; » il s'agit d'un devoir obligatoire de justice pure et stricte.

Le troisième progrès des doctrines, enfin, a été la conception d'une fraternité autre que celle qui repose sur un pur sentiment, d'une fraternité identique à la justice sociale. Il y a une justice de liberté, qui veut que l'on respecte le développement de ma personnalité individuelle ; il y a une justice d'égalité, qui veut que les hommes les plus inégaux par ailleurs soient traités de même pour les actes de même valeur ; mais il y a aussi une justice de solidarité, trop méconnue, qui veut que, faisant partie d'un même tout, réagissant l'un sur l'autre, ne pouvant agir dans la vie sociale sans que mes actions aient une répercussion en autrui, je prenne en considération le bien des autres en même temps que mon bien propre. Quand j'agis, mon acte retentit en vous, en vertu de la solidarité qui nous lie ; dès lors, mon acte volontaire devient, comme on l'a dit, « un acte involontaire de votre vie. » Or, si nous vivons en partie dans la vie des autres, il en résulte que les autres, subissant les conséquences de notre conduite, ont un droit par rapport à nous. Il n'est donc que « juste, » au fond, de se proposer pour fin le tout dont nous sommes parties. C'est cette justice de solidarité dont la charité pure était une application encore trop vague, arbitraire, incertaine, et qui, dans nos sociétés modernes, sous le nom de justice sociale, doit aboutir à des obligations précises.

Le devoir de justice sociale dérive encore d'autres considérations. La société ne doit-elle absolument rien à ceux de ses membres qui sont restés plus ou moins longtemps exclus de certains biens communs ? Le droit positif, en se constituant historiquement au profit de tels ou tels hommes, de telles ou telles classes, ne laisse-t-il point subsister chez les autres une prétention légitime à la propriété, par exemple ? On dira que le devoir de charité répond à cette prétention, et cela est vrai pour les individus ; mais la collectivité même n'a-t-elle point ici à exercer un devoir de justice, ce que nous avions appelé jadis ici même « justice réparative ? » On est en présence d'effets collectifs et sociaux résultant de causes historiques et sociologiques, non d'un « procès » individuel conférant des titres

Alfred Fouillée

individuels ; on ne peut donc armer l'individu d'un droit positif ; mais cela ne supprime pas les devoirs moraux de la collectivité. Les lois du fonctionnement même de la société ont pour résultat certains maux en même temps que certains biens ; comment la société, qui n'est pas un mécanisme aveugle, ne chercherait-elle pas à réparer moralement le mal qu'elle produit naturellement ? Comment pourrait-elle consentir à regarder comme sans remède ce qui résulte de rapports entre des êtres intelligents et aimants, non entre des rouages insensibles ? On a bien eu raison de le dire : « Il n'y aura jamais trop de vérité ni de justice dans le monde. »

L'idée de solidarité ne nous lie pas seulement au passé par des devoirs de justice réparative, elle nous lie à l'avenir par des devoirs de justice préventive. C'est une justice de ce genre, éminemment sociale et non individuelle, qui veut que l'Etat veille à la conservation de la race, au maintien de sa puissance de travail, de sa valeur physique, intellectuelle, morale. Les conséquences de l'abâtardissement retombent sur les générations suivantes, non seulement sur les individus qui en sont les victimes directes, mais sur tous les autres, qui en subissent les contrecoups. Ici encore, il a bien fallu que l'individualisme reconnût un lien supérieur de solidarité. De même que l'ivrogne ne se fait pas tort à lui seul et doit être puni au nom des autres, de même tout régime de travail qui aboutit à l'épuisement des travailleurs et à l'abâtardissement de leur génération intéresse non seulement les travailleurs eux-mêmes, mais la nation entière.

Enfin, par rapport au présent, la justice sociale doit considérer, outre les individus et leurs relations, les conditions nouvelles du milieu social tout entier. L'ère antique des « outils » et l'ère contemporaine des machines offrent des différences essentielles, dont Marx a eu seulement le tort de tirer des conséquences extrêmes. L'outil ne permettait guère à l'ouvrier que d'utiliser sa propre force personnelle ; il était pour l'individu, comme on l'a maintes fois répété, un nouvel organe au service de sa force physique. La machine, au contraire, est un moyen mis par la science au service de la société pour s'emparer des forces extérieures à l'homme. Dès lors, la force humaine n'est plus aujourd'hui le facteur principal ; l'empire sur les forces de la nature, voilà ce qui mesure le degré de puissance industrielle. D'où cette conséquence : ce sont les possesseurs de la machinerie commandant aux forces de la nature qui, du même coup, ont réglé pour la plus grande part les conditions de l'industrie au XIXe siècle. Or les capitalistes possédaient la machinerie et la plupart des forces naturelles sur lesquelles elle agissait. D'où cette nouvelle conséquence, que le travailleur, tout au moins le travailleur industriel, a perdu en partie le contrôle sur les conditions du travail [7]. C'est le côté vrai des doctrines marxistes.

Les économistes, eux, avaient trop oublié que le capital n'est pas une force purement individuelle, mais en partie sociale, et par son origine, et par ses conditions de développement, et par ses effets de toutes sortes dans le milieu social. L'atomisme économique traitait trop les individus comme des unités isolées, tandis qu'ils forment ensemble des touts organiques.

Dans la grande industrie, l'ouvrier est-il simplement un individu placé, avec toutes ses libertés, en face du « patron ? » Non : il fait partie d'une véritable association *contractuelle*, qui, en même temps, est un groupement *organique* ; dans une usine, dans une manufacture, le travail exécuté en commun est nécessairement réglé en dehors de toute volonté individuelle des travailleurs. Les ouvriers réunis dans des usines, avec ou même sans moteurs mécaniques, forment donc une sorte de corps solidaire. La solidarité n'y existe pas seulement entre un ouvrier et un autre, elle existe aussi entre tous les ouvriers et l'entrepreneur. La justice, du même coup, y devient sociale. Dès lors, quoi de plus légitime que de ne pas laisser aux industriels les moins scrupuleux la possibilité d'exploiter, jusqu'à la dernière extrémité, les besoins des travailleurs ? Pour rendre ces derniers libres, croit-on qu'il suffise de les abandonner à eux-mêmes, sans aucune intervention de la loi ? Non, car les travailleurs tombent alors sous la domination de forces irresponsables, qui vont à leur but sans s'inquiéter des misères qu'elles répandent. On a dit des lois protectrices du travail dans les fabriques qu'elles sont les *exposants* et non les *opposants* de la liberté ; car la liberté consiste à soustraire les ouvriers au joug d'une nécessité contraignante, à l'extrême avidité de gain qu'engendrent chez certains patrons les tendances spontanées de l'économisme et l'âpre loi de la concurrence. Stanley, économiste orthodoxe, avoue lui-même que, dans les usines et manufactures, le travailleur ne pouvant régler le travail, il est juste de recourir à l'intervention de

Alfred Fouillée

l'Etat toutes les fois que la santé et la liberté effective des ouvriers le réclament.

Si la conception de « l'organisme producteur commun » justifie, comme nous l'avons vu, la réglementation du travail des femmes et des enfants, elle peut s'étendre aussi au travail des adultes. La législation suisse a englobé ces derniers dans les dispositions formelles de la loi protectrice. La loi suisse s'applique à 200 000 ouvriers de tout sexe et de tout âge, dont la moitié environ sont des adultes mâles âgés de plus de dix-huit ans. En Angleterre, l'industrie cotonnière emploie un peu moins d'un quart d'ouvriers adultes, et l'industrie lainière environ un tiers ; mais, sans que la loi ait stipulé rien de précis, les hommes profitent de la protection accordée aux femmes et aux enfants, parce qu'ils ne peuvent travailler sans leur aide. Nos travailleurs souffrent des longs chômages ; ils sont exposés à de nombreux accidents qui ruinent leur santé et les réduisent à la misère ; ils se plaignent d'une organisation économique qui, après toute une existence de labeur, ne leur assure pour les mauvais jours de la vieillesse ni une retraite, ni un abri. Les économistes leur répondent : « Laissez passer ! » Les collectivistes disent : « Nous vous ferons maîtres collectifs du sol et de l'usine. » Entre ces deux extrêmes, l'idée de justice sociale commande des réformes ayant pour but de sauvegarder tous les droits, aussi bien ceux du capital que ceux du travail.

Section IV

On peut, pour déterminer les vraies attributions de l'État, faire appel à deux idées : d'abord celle de justice sous toutes ses formes, puis celle des intérêts universels ou des fonctions universelles. Les Anglais ont considéré surtout les intérêts ; les Allemands, en se préoccupant des « fonctions organiques » ou « historiques » de l'État, comme aussi de sa « mission » plus ou moins mystique, ne se sont pas élevés réellement au-dessus d'une idée d'intérêt plus large et plus spiritualisée. La France, elle, a toujours eu ici pour idée directrice celle de justice. La justice est un bien absolument général et commun à tous : c'est la fin universelle par essence ; l'État a pour tâche de l'assurer. Même en paraissant s'occuper de purs intérêts généraux, l'Etat, tel que la France se le représente en son idéal, s'occupe au fond de justice. Par exemple, quelle est la condition essentielle d'un règne du droit ? C'est évidemment la moralité des citoyens, comme aussi un minimum d'instruction qui leur permette de connaître leurs droits et d'accomplir leurs devoirs. C'est donc en vue de la justice qu'on rend obligatoire l'instruction, ou qu'on prend des mesures protectrices de la moralité publique. S'il existe un budget pour les cultes, c'est que le sentiment religieux est un intérêt *universel*, à cause du sentiment moral qu'il développe ; par-là, il apparaît comme une condition de la justice. S'il y a un budget des beaux-arts, c'est parce que l'art est considéré comme un moyen d'assurer cette élévation des âmes sans laquelle un peuple perd, avec l'esprit de désintéressement, l'esprit même de moralité et de justice. Les discussions auxquelles l'existence de ces divers budgets donne lieu viennent précisément de ce que quelques hommes, à tort ou à raison, ne reconnaissent pas là des intérêts moraux et vraiment généraux. Dans le domaine de l'hygiène publique et privée, si la loi m'oblige à faire la déclaration des maladies infectieuses et à désinfecter ma maison, c'est que, en exposant ma vie par ma négligence, je compromets aussi la santé et la vie d'autrui ; ce qui est manifestement contre la justice, et non pas seulement contre la charité.

Ici se présentent les objections de l'école dite « libérale » et « non-interventionniste. » Selon Guizot, à mesure que « la civilisation et la raison » font des progrès, « cette classe de faits sociaux qui sont étrangers à toute contrainte extérieure, à l'action de tout pouvoir public, devient, de jour en jour, plus large et plus riche ; la société non gouvernée, la société qui subsiste par le libre développement de l'intelligence et de la volonté humaine, va toujours s'étendant à mesure que l'homme se perfectionne ; elle devient de plus en plus le fonds social. » Mais ce principe vrai n'est que la moitié de la vérité. Le progrès a deux effets simultanés et contraires : il soustrait à l'État un domaine de plus en plus large, et il soumet à l'État un domaine qui, lui aussi, va s'élargissant sans cesse [8]. Il est des choses que les individus ne feront pas, leur fussent-elles éminemment utiles, parce que chacun ne peut ni les faire à lui tout seul, ni contraindre les autres à les faire avec lui. Chacun comptant sur les autres et les autres sur lui, personne ne bouge. L'intervention

Alfred Fouillée

de l'État est donc justifiée, dans les cas où l'initiative privée et l'association libre se montrent radicalement impuissantes à assurer l'exercice des droits individuels, ou à accomplir une œuvre indispensable de justice sociale et d'intérêt social tout ensemble.

Les fonctions économiques de *circulation*, qui impliquent par définition même des rapports sociaux et des relations de justice, peuvent permettre mieux que les autres une intervention de l'État, mais là seulement où se trouvent des droits à protéger et des intérêts vraiment généraux à sauvegarder. La circulation à la fois libre et sûre n'intéresse pas uniquement les richesses matérielles ; elle intéresse aussi toutes les valeurs intellectuelles et morales, les pensées mêmes et les volontés. C'est ce qui fait que l'État peut se charger de certains services vraiment publics, tels que les postes et les télégraphes. D'abord, ces services importent à tout le monde sans exception ; puis, les individus ne peuvent les assurer et les associations mêmes ne les organiseraient pas sans inconvénients ; enfin, la liberté et le secret des communications entre citoyens sont en réalité la sauvegarde d'un droit et, à ce titre, ne sont pas indifférents à la justice sociale. Pareillement, le droit d'aller et de venir, reconnu par la Constitution, demeurerait un vain, mot si les routes, dans la campagne, si les rues, dans la ville, n'existaient pas ou n'offraient aucune sécurité. L'éclairage même des villes, qui semble d'abord une question de pur intérêt commun, est aussi une question de sécurité commune et de police ; aussi est-il naturel que les villes s'en chargent au besoin. La limite entre les intérêts purs et les droits n'est d'ailleurs pas facile à déterminer, surtout dans les sociétés modernes, où les relations plus complexes entraînent plus de conséquences non seulement économiques, mais juridiques. A une vie plus intense, disait avec raison Dupont-White, il faut plus d'organes ; à plus de forces il faut plus de règles.

La *consommation* varie avec les individus et les besoins ; elle ne peut être universalisée, et les socialistes modernes le reconnaissent eux-mêmes, au moins en principe. Enfin, la *production* varie, elle aussi, avec les besoins individuels, avec les demandes et les goûts, avec les facultés et le travail. L'Etat ne peut socialiser une production sans y être obligé par quelque conflit inextricable de droits et d'intérêts. Ceux qui trouvent qu'ils auraient intérêt et profit à produire en commun tels et tels objets doivent avoir la pleine liberté de s'associer et de coopérer, mais sous la condition expresse qu'ils respecteront la liberté des autres et n'abuseront pas de la force que l'union confère. Si, d'ailleurs, les associations coopératives deviennent un jour de plus en plus étendues, jusqu'à embrasser finalement l'État entier, alors, et alors seulement, tout le monde étant d'accord (par hypothèse), la production socialisée sera légitime ; mais c'est là un aboutissant et non un point de départ. L'État ne doit donc pas se faire lui-même producteur universel. Il ne peut qu'assurer, dans la production, les conditions de la justice, avec l'assentiment universel des citoyens. Sinon, il y a sujétion d'une minorité à une majorité, souvent même d'une majorité inerte à une minorité remuante et ambitieuse qui s'empare du pouvoir.

L'État, en outre, ne peut agir qu'au moyen : 1° d'*impôts* ; 2° de *fonctionnaires*. Pour organiser socialement, par voie d'autorité et sans l'assentiment unanime, tous les services abandonnés aujourd'hui aux individus ou aux associations libres, il faudrait donc, par l'impôt, prendre sans cesse sur ce que chacun possède et peut dépenser à son gré. Je verrais ainsi, en fait, ma liberté de plus en plus réduite ; je contribuerais malgré moi à des productions dont je n'ai pas besoin, qui ne constituent pas non plus un besoin universel et universellement reconnu, soit de l'ordre matériel, soit de l'ordre moral. L'impôt irait toujours croissant, si les attributions de l'État allaient elles-mêmes croissant au-delà des limites de la justice à assurer, de l'intérêt vraiment universel à sauvegarder. Cet accroissement d'impôts, outre qu'il serait inique pour les individus, serait pour l'État une menace de ruine à courte échéance, surtout avec nos quarante milliards de dettes.

En second lieu, avons-nous dit, l'État agit par le moyen de fonctionnaires. Or, plus il y a de fonctionnaires, c'est-à-dire de rouages vivants dans la machine administrative, plus l'action se perd en se transmettant. L'action de l'État est une force, et les frottements absorbent une partie de cette force, quelquefois la totalité. Sans doute l'action de l'État peut réaliser plus d'ordre et d'unité, ce qui est encore un mode de la force ; mais c'est à la condition d'être maintenue dans ses vraies attributions et sur son vrai domaine. Le reste doit être abandonné à des organisations moins vastes et moins complexes, aux associations libres ou aux individus libres. Les économistes comparent excellemment ceux qui veulent charger l'État et ses fonctionnaires d'une multitude infinie de soins à ces théoriciens qui préconisent l'emploi inconsidéré des forces naturelles, — vents, marées et chutes d'eau, — parce qu'elles s'offrent à l'homme avec une apparence de gratuité ; ces théoriciens oublient de calculer pratiquement les dépenses nécessaires pour capter les forces, ainsi que les pertes d'énergie qu'on ne peut éviter. Un de nos maux, en France, n'est-ce pas déjà l'accroissement du fonctionnarisme ? Dès aujourd'hui, l'armée de nos fonctionnaires d'État s'élève au chiffre de 500 000, sans compter tous ceux des communes. On se plaint partout et de leur nombre, et de leur inertie, et de leur routine, et de la lenteur avec laquelle ils traînent les affaires, et des papiers qu'ils amoncellent pour la plus simple des opérations administratives ; que serait-ce, si l'administration de la richesse publique était entre leurs mains et qu'on ne pût rien entreprendre sans l'aveu de cinq ou six cent mille Colberts ou Louvois au petit pied ?

Une dernière fonction, plus difficile encore, que l'on rêve de confier à l'État, c'est celle de la *distribution*, et cela au nom de la justice distributive. A l'Etat-gendarme des économistes, on veut opposer l'État-Providence. Un des chefs du parti collectiviste nous a fait le tableau de cette société future [9]. Si l'État, dit-il, était patron universel et propriétaire universel, s'il encaissait tous les bénéfices industriels, tous les dividendes, tous les loyers, tous les fermages, il ne pourrait pas consommer les milliards ainsi recueillis par lui ; il serait obligé d'en faire la répartition, et *selon quelle règle la ferait-il* ? — Là est en effet la grande inconnue. M. Jaurès n'hésite pas à répondre : « *Évidemment* il chercherait à restituer à chaque travailleur, au prorata de son travail, le surcroît de produit abandonné par lui ; c'est-à-dire qu'avec l'universalisation de l'État patron, les travailleurs toucheraient à peu près l'intégralité du produit de leur travail. » Ainsi l'État, ou plutôt le gouvernement, aurait évidemment l'absolue justice dans ses intentions et l'absolue sagesse dans ses calculs, pour rendre à chaque travailleur exactement sa part, sans que personne en détourne pour soi quelque chose, sans que les influences, les protections, les fraudes, les erreurs involontaires troublent l'immense comptabilité du gouvernement ! Ne faut-il pas, pour admettre ce postulat collectiviste, un optimisme robuste ?

On nous promet que le prix de la marchandise sera réglé non « par la volonté arbitraire du législateur, » mais « par le rapport de la quantité de travail que la marchandise contient à la quantité de travail contenue dans les autres marchandises. » — Qui déterminera ce rapport ? Ce ne serait pas trop de la science divine pour évaluer le rapport de la quantité de travail contenue dans un livre qu'un Français publie à la quantité de travail contenue dans tout ce que font les autres Français ou, pour mieux dire, tous les autres hommes. En outre, est-il sûr que la quantité de travail fasse seule la *valeur*, non le besoin que les autres ont de votre travail, la rareté de l'objet, l'outillage, le capital emmagasiné, qui représente un travail antérieur, etc. ? Si les collectivistes nous condamnent à la consommation *immédiate*, quel appauvrissement et quelle menace de famine ! Si, de nouveau, nous devons épargner et capitaliser, il faudra que la société ou l'État retienne sur le produit du travail une certaine portion, et le travailleur se prétendra de nouveau frustré du produit *intégral* tant promis, au profit d'une communauté où il lui sera impossible de contrôler l'emploi de l'argent.

Outre l'universelle répartition des salaires, — car nous serions tous salariés, — l'État aurait encore à faire la répartition des tâches. « Les producteurs, dit-on, se porteront librement vers l'une ou vers l'autre, selon leurs aptitudes ou leurs goûts. » Mais c'est là supposer que les aptitudes et les goûts sont des titres suffisants à faire n'importe quoi, alors même que la profession pour laquelle on est apte serait encombrée. « Il est bien vrai, répond M. Jaurès, qu'on ne pourra trouver place dans une industrie ou une profession déterminée que s'il y a des vacances ; mais aujourd'hui il en est de même. » Aujourd'hui, répliquerons-nous à notre tour, c'est le rapport des besoins ou demandes avec les offres qui détermine les courants vers les professions ; dans l'État collectiviste, il faudra que le gouvernement décide combien il veut de maçons, combien de poètes et de philosophes, combien il veut de chimistes, combien de prêtres (s'il consent encore à l'existence des prêtres !), combien de journalistes pour l'admirer, combien pour l'attaquer, etc. L'ouvrier, dans l'organisation collectiviste, affluerait évidemment vers les professions plus rémunérées, déserterait certaines industries nécessaires au fonctionnement de la société. On aboutirait à la nécessité de la réquisition, nécessité reconnue par M. Guesde.

Alfred Fouillée

Peut-on dire que ce régime soit « le triomphe de la liberté ? »

On nous console en disant qu'on aura supprimé la concurrence !
En réalité on aura remplacé la lutte économique par la lutte électo-
rale : car il y aura une nuée immense de *fonctions* à distribuer, à ré-
partir : que d'intrigues, que de menées sous terre, quel remue-mé-
nage pour se pousser ou pousser ses amis aux bonnes places, aux
bons emplois, aux postes où l'on dirigera et commandera plutôt
qu'à ceux où il faudra obéir ! Et comme on se disputera la manne
administrative ou politique ! Jamais la concurrence n'aura été plus
effrénée.

Pour mettre fin à l'injustice des monopoles capitalistes, le collectivisme, par la voie de l'autorité et par son faisceau formidable de
forces réunies, aboutira plus sûrement encore aux monopoles ; il
sera le monopole même érigé en principe au profit de l'État. Dès
lors, vous aurez des centralisations omnipotentes de l'industrie,
de l'agriculture, du commerce, du transport et de la navigation.
— Non, répond M. Jaurès, le collectivisme ne sera pas la multi-
plication des monopoles, parce que le monopole a « un caractère
fiscal » et est établi « en vue de l'impôt. » — Qu'importe qu'il soit
fiscal ou non, si la liberté n'existe pas pour l'industrie ? C'est l'ab-
sence de liberté et non la fiscalité qui crée le monopole. A la plou-
tocratie vous aurez, au lieu de la détruire, substitué simplement
l'ochlocratie. Aux associations coopératives vous aurez substitué
des associations coercitives. Le commandement en sera-t-il adou-
ci, la discipline allégée ? L'avenir en sera-t-il plus sûr ? Aujourd'hui,
qui destitue le patron ou l'association malhabile, l'industriel igno-
rant ou la société industrielle mal soigneuse ? La ruine. Dans le
collectivisme, ce sera l'administration centrale. Cette sanction est
moins certaine que l'autre. Aurez-vous du moins la sécurité absolue ? Non. Les naufrages, les catastrophes, les faillites atteindront
les monopoles socialistes comme les monopoles capitalistes. Il y
aura, comme on l'a bien montré, « des déficits et des dilapidations
proportionnels à l'étendue même des administrations » et à leur
empiétement progressif [10]. Les catastrophes changeront seulement
de forme et d'allure : vous aurez des Panamas gouvernementaux ;
et le dernier ne l'a-t-il pas déjà été en grande partie ? Les grèves
mêmes ne seront pas à jamais écartées, mais se présenteront d'une
autre manière, « affectant la forme de désordres et de révoltes pu-

bliques. » En un mot, vous aurez des luttes, des coalitions de travailleurs les uns contre les autres et contre les autorités qu'on aura établies pour veiller à cette tâche surhumaine : division du travail selon les aptitudes, répartition des produits selon les mérites et les besoins.

Fût-il réalisable, le collectivisme *national* serait une inconséquence. Si la terre appartient à tous, les Allemands n'ont pas plus le droit de détenir la terre d'Allemagne, quoique conquise par leurs pères, qu'un lord anglais son domaine familial : que diront les Lapons ou les Hottentots ? En réclamant la « nationalisation du sol, » on oublie que les habitants des pays pauvres, si éloignés soient-ils, ont le droit d'en demander l'internationalisation. Les collectivistes, eux aussi, restent des « monopoleurs » et des « accapareurs, » en attendant un internationalisme assez vaste pour embrasser les cinq parties du monde et pour égaliser les conditions dans ces cinq parties du monde.

Le pire des monopoles collectivistes, ce serait la réglementation de la pensée et de la production littéraire ou scientifique. Qui assurera, dans la société collectiviste, la satisfaction des besoins intellectuels, moraux, religieux ? Il faudra l'aveu de l'administration centrale pour être écrivain, artiste, savant, moraliste ; il faudra que le gouvernement se fasse l'éditeur des publications littéraires et philosophiques, y compris, encore une fois, celles où on fera la critique du gouvernement même, bien plus, la critique du collectivisme ! Le penseur sera réglementé dans son travail et surveillé dans ses produits. Pasteur devra fournir, sous peine de destitution, son invention nouvelle, Victor Hugo son ode nouvelle au collectivisme, avec enthousiasme de commande ! Le libre commerce de l'imprimerie, du papier, de la librairie serait plus sûr ; mais comment le concilier avec la remise à l'État de tous les instruments de travail, capitaux, commerce, etc. ? Déplacer les monopoles, ce n'est pas les détruire. Le vrai ennemi des monopoles, c'est la liberté ; l'autorité ne doit intervenir qu'en faveur des libertés mêmes.

D'où dépendra, sous ce régime des monopoles collectivistes, le progrès industriel et scientifique ? Des fonctionnaires de l'Etat, c'est-à-dire de la gent la plus routinière et la plus somnolente qu'on puisse imaginer. Si l'on adopte le système des examens, ce mandarinat aboutira, comme en Chine, à étouffer l'esprit d'innovation. Si l'on adopte l'élection, ce seront les plus habiles et non les meilleurs qui arriveront aux postes les plus élevés. Se figure-t-on le suffrage universel appliqué aux Le Verrier ou aux Claude Bernard ?

Si les socialistes veulent ainsi donner à l'État un rôle de justice distributive, c'est, disent-ils, en vue d'égaliser les conditions sociales. Et, sans doute, des inégalités trop fortes, en favorisant un luxe excessif, font dévier une trop grande portion des forces productives vers la production des objets les moins nécessaires, ce qui renchérit relativement l'existence pour ceux qui sont les moins fortunés. Mais, d'autre part, une égalité trop niveleuse réduit chacun à la portion congrue, au matériel de la vie, en excluant ces formes de superflu qui sont des nécessités supérieures : art, science désintéressée, métaphysique, religion, etc. L'État est une puissance éminemment faillible et, dans les Etats démocratiques, il tend à la démagogie, au nivellement par abaissement de l'ensemble, non par élévation ; comment donc lui confier directement la tâche de rétablir l'égalité des conditions ? Il s'en acquitterait à la manière de Tarquin. L'égalisation doit se faire et se fait d'elle-même, surtout en France, par le progrès général.

En résumé, si l'on entend par socialisme l'aspiration à la solidarité sociale, — aspiration qui caractérise notre époque, qui agite les classes supérieures aussi bien que les classes ouvrières, — nous sommes tous socialistes. Si l'on ajoute que cette aspiration ne doit pas demeurer vaine, qu'elle doit se traduire par l'action de l'État en vue d'assurer à tous la justice, nous serons bien près encore d'être tous socialistes en ce sens. Mais, si l'on entend par socialisme la disparition de la propriété individuelle, si l'on entend non pas l'atténuation, mais la suppression entière de la concurrence économique au profit de la propriété collective, de la réglementation sociale, de la concurrence pour les places ou les salaires, tout change alors, et les plus décidés partisans de réformes sociales ne seront pas les moins décidés adversaires du collectivisme. Le progrès de l'action sociale bien entendue doit, selon nous, favoriser et non remplacer ou entraver l'action des individus et des associations libres.

Notre vie moderne est assurément remplie d'antagonismes, entre l'organisation dans les manufactures et l'anarchie dans l'échange, entre la production pour l'usage immédiat et la production pour le profit, entre la campagne et la ville, enfin et surtout entre la classe prolétaire et la classe capitaliste. Ce dernier antagonisme, à son tour, a été engendré, dès le début même du système capitaliste, par l'antimonie fondamentale que nous avons essayé de mettre en lumière : d'une part, la production devenait de plus en plus sociale, par le progrès de la science et de l'outillage ; d'autre part, le contrôle de la production demeurait tout individualiste, avec le profit individuel pour unique objectif. Devant ce nouvel état de choses, l'économie politique est restée, nous l'avons vu, à un point de vue trop abstrait. Elle a considéré à part les relations économiques, sans les rattacher à l'ensemble des relations sociales, comme si l'homme était une chose objective, et son travail un produit purement matériel. D'autre part, le collectivisme s'est fait de la société une conception utopique, fondée sur des théories incomplètes et sur des sentiments tantôt généreux, tantôt envieux et égoïstes. C'est à la sociologie qu'appartient la tâche d'embrasser enfin la totalité des rapports sociaux, d'en déterminer les lois et l'évolution possible. Vainement M. Enrico Ferri a-t-il prononcé cette étrange parole : « La sociologie sera socialiste ou ne sera pas ; » c'est au contraire le socialisme, c'est aussi l'économisme qui sera sociologique ou ne sera pas. Auguste Comte rendit à la société entière un service inappréciable en fondant sur des bases scientifiques, comme une science nouvelle et complémentaire de toutes les autres, la science même de la société. La sociologie, disait-il, « tout ensemble rectifiera l'économie politique et disciplinera le socialisme. » La politique sera une application des lois sociologiques, et, renonçant de plus en plus au « gouvernement des hommes, » elle sera surtout « une administration des choses. » Ce sont toutes ces doctrines, trop longtemps négligées, qui s'efforcent aujourd'hui de se formuler et de se réaliser en France, de manière à introduire progressivement dans les rapports des hommes la raison et la justice. « Qu'on l'appelle science sociale ou autrement, a dit Dupont-White, qu'on lui conteste même le nom de science, toujours est-il que « la *charité dans les lois* » est une donnée qui, de nos jours, doit faire école, » et qu'il y a là « un cas de conscience publique. » Au lieu de la charité, disons : la justice dans les lois, la justice complète, telle qu'elle résulte de la solidarité qui lie tous les individus et en fait une société. Plus récemment, c'est dans le même sens et avec la même

Alfred Fouillée

raison qu'un esprit généreux déclarait au Parlement français qu'il faut mettre dans les lois humaines « plus de fraternité et, pour tout dire d'un mot, plus de bonté ; » mais, ajouterons-nous, c'est à la condition de comprendre que l'objet même de la fraternité, quand elle s'exerce par la loi, ne doit être encore que la pure justice. Plus la civilisation se développe, plus les contrastes s'accentuent, plus les frottements augmentent, plus les relations des personnes se compliquent, plus les réciprocités se manifestent, plus il est nécessaire que l'État, pour faire régner le droit, règle les rapports sociaux et intervienne comme tiers arbitre. L'« interventionnisme, » qui s'impose à toutes les nations et qui a toujours semblé juste à la nation française, sous la condition de n'avoir lui-même pour but que la justice, n'est ni l'économisme individualiste, ni le collectivisme socialiste ; et le nouveau progrès des doctrines, qui s'annonce de nos jours, consistera à bien marquer la différence.

Dans la première période de l'histoire, l'individu est entièrement absorbé en un groupe plus vaste, famille, tribu, société religieuse et politique. Toutes les traditions et mœurs le rendent absolument solidaire du passé, au moins « jusqu'à la cinquième génération. » A une seconde période de l'histoire, l'individu se détache et réclame son autonomie ; la société se pulvérise en quelque sorte, comme nous en voyons un exemple dans la démocratie américaine, où cette pulvérisation a pour contrepoids la concentration en monopoles. Une nouvelle période s'annonce qui rétablira une union plus étroite et une solidarité plus profonde entre les individus. Cette période finale de l'évolution sera la synthèse des deux précédentes, de l'individualisme et de la subordination à la communauté.

Si la crise sociale en France semble aujourd'hui plus aiguë, c'est en partie que, relativement aux autres peuples, nous sommes des aînés. Nous avons subi des premiers la conséquence des grands changements politiques et économiques ; nous avons fait de notre propre pays un champ d'expériences. Nous avons agité à nos dépens bien des problèmes qui s'imposeront successivement à tous. Peut-être aussi aurons-nous découvert ou entrevu certaines vérités sociales encore confuses, que l'avenir seul doit mettre en pleine lumière :

En se superposant sans mesure et sans nombre,

Les vérités, parfois, font un tel amas d'ombre,

Que l'homme est inquiet devant leur profondeur.

En présence des grandes questions posées par le collectivisme montant, ce n'est ni l'abstention pure ni la résistance systématique qui conviennent ; c'est un esprit de réformes prudentes et progressives, avec la considération du droit pour règle unique. Toutes les fois que la France se laisse dominer par des idées d'intérêt, ou par des idées de force, de lutte pour la vie, de guerre entre nationalités ou entre classes, elle sort de sa vraie tradition, elle se fait anglaise ou allemande. Qu'elle s'appuie sur l'idée de justice et elle sera fidèle à son propre esprit.

Notes

1.   Voir les études de M. Cheysson dans la Revue internationale de Sociologie, 1894.

2.   Quack, Die Socialisten, vol. I, Introduction.

3.   Espinas, Histoire des doctrines économiques.

4.   Voir la réponse de Laveleye à l'Individu contre l'État.

5.   L'Organisation de la liberté. Bruxelles, 1896.

6.   M. Belot, Revue Philosophique, nov. 1896.

7.   Voir dans l'International Journal of Ethics (oct. 1891) une très remarquable étude sociologique de M. Henry C. Adams, professeur à l'université de Michigan, sur l'Interprétation des mouvements sociaux de notre époque.

8.   M. de Laveleye nous a raconté l'histoire instructive de cet étudiant de l'Amérique centrale qui suivait avec conviction le cours de M. de Molinari en faveur de l'absolue non-intervention. Le professeur poussait si loin sa doctrine, qu'il voulait remettre à une compagnie l'organisation de la défense nationale. Le jeune étudiant retourne dans son pays, y devient plus tard Président de la République et, en disciple convaincu de l'orthodoxie économique, s'empresse d'appliquer les doctrines de son maître. Il supprime les budgets de l'instruction publique, des cultes, des travaux publics ; et les contribuables d'applaudir à la diminution proportionnelle des impôts. L'État est presque aboli, l'initiative individuelle va se

déployer à l'aise. Hélas ! nul n'agit. Les écoles se ferment, les églises, s'écroulent, les routes sont envahies par les jungles, les ports s'ensablent ; c'est le retour au fameux état de nature, c'est-à-dire à la sauvagerie. Le Président, désabusé, mais éclairé par cette expérimentation in anima nobili, dut rendre à l'État ses attributions essentielles. Quant aux citoyens, ils aimèrent mieux payer de nouveau leurs contributions que d'avoir eux-mêmes à paver les rues, à faire les routes, à créer ou à entretenir des ports.

9.   M. Jaurès, Organisation sociale. Revue Socialiste de juin 1895.

10.   H. Dépasse, Les Transformations sociales.

ISBN : 978-1548608538